이미 있는 나

김세환 지음

이미 있는 나

나를 찾는 여행 안내 에세이 시

보이는 모든 것에는 이미 내가 드러나 있다.
드러난 모든 것에 내가 있고,
드러난 모든 것이 그대로 나이기에,
진정한 나를 찾는 여행은
출발점에서 끝나 있다.

바른북스

앞말

 짧게 전달할 수 있으면 좋겠지만, 여러 글로 풀어봤습니다. 전달할 수 없는 것을 전달하는 것이 불가능하지만, 이미 진리 속에서 숨 쉬고 있기에, 그저 생각으로 나타내 봅니다. 들어가는 문은 따로 없지만, 따로 없음을 안내합니다. 사실은 다 '내'가 '나'에게 하는 말이기도 합니다.

 '진짜 나'는, 사라지고 생겨나는 마음도 아니고, 무게가 늘거나 피부가 노화되는 육체도 아닙니다. 그것들을 보는 놈(물건)이 '진짜 나'입니다. 보이는 모든 것이 '나'가 아니기 때문에, 보이는 내 몸과 보이는 내 마음이나 성격은 진짜 나는 아닌 것입니다. 그러나 그 '진짜 나'는 따로 있지 않기에, 찾을 수도 없습니다. 나는 하나(한 명)인데, 어떻게 '진짜 나'가 따로 있어서 찾을 수 있겠습니까? 그저 모든 것이 그대로 '나'의 나타남이므로, 모든 것이 '나'입니다. 따로 없습니다. 생각으로 나타나는 모든 것이 사실은 '진짜 나'의 드러남입니다. 변하지 않는 저울의 눈금이 있어야 무게가 드러나지만, 그 눈금은 무게 속에서만 드러나는 이치와 동일합니다.

있는 나를 찾는 여행으로 발을 딛게 해준, 이광재 님을 비롯하여, 수많은 조사, 법사님, 스님을 일일이 거론하지는 않겠습니다. 밴드 라이브와 영상, 책 그리고 대구, 경산, 부산, 진주, 서울, 울산, 의성, 광주, 제주 등지에서 바른 도리를 가르치시는 분께 감사드립니다. 직접 만나본 선생님도 계시지만, 제 글의 어딘가에 어떤 분의 어떤 말이든 연결되지 않은 부분이 없습니다. 물론 그 전의 많은 조사와 법사, 스님의 말씀도 하나로 연결됩니다. '나'가 진짜의 '나'가 아님을 깨워 주신 모든 선지식에게 감사드립니다. 부족한 부분은 제 몫입니다. 출판사 편집자님께도 감사드립니다. 지금 항상 있는 동반자와 부모님, 가족, 형제, 도반도 고맙습니다.

이 글을 읽는 모두가 단 한 편의 글이라도 와닿아서, 여러 선지식과 어떤 방식으로든 인연을 맺고, 이 세상이 생각(이미지)이 아닌 것이 없음을 알게 되면 좋을 듯합니다.

그러나 이미 우리 자체가 완전한 진리의 나타남이기는 합니다. 꿈속의 모든 것은 허상이기는 하지만, 꿈꾸는 자의, 하나의 마음이 드러난 것이며, 꿈꾸는 자의 의식은 꿈속 세상으로 그대로 나타납니다. 꿈속 삶의 모든 물질과 비물질이 그저 마음의 나타남이듯, 현실의 모든 물질과 생각은 진정한 '나'라는 의식이 몸으로, 생각으로 나타난 것입니다.

그러나 이 '나'는 따로 있지 않습니다. 나는 둘이 아니기 때문입니다. '나'가 그대로 드러난 것이 이 세상입니다. 세상이 '진짜 나'의 나타남입니다. 세상의 불만, 괴로움은 만족, 즐거움과 함께 그대로 진짜 '나'의 드러남입니다. 바꿀 수는 없습니다. 그대로입니다.

날마다 좋은 날
삶 같은 꿈속에서

일러두기

이 책의 '마음'은 상황에 따라 변하는 마음과, 변하지 않는 마음을 모두 의미하기도 합니다. '나' 또한 변하는 '나'와, 변하지 않는 '나'를 뜻하기도 합니다. 그러나 글에서 말하듯 둘은 아닙니다. 필요할 때, '진짜 마음, 진짜 나' 등으로 부르기도 합니다.

목차

앞말

일러두기

제1부   나는 변하는 마음과 몸이 아니다

오지도, 가지도 않는 — 12

봄(Seeing) — 14

들음(Hearing) — 16

가 … 나 … 다 — 18

몸 — 20

마음속 세계 — 22

보구나, 보는구나 — 24

이 자리 — 26

시간 — 28

공간 — 30

꿈속 — 32

물음 — 34

진리 — 36

나의 위치 — 38

타인의 생각 — 40

경험 — 42

생각 — 44

인생 — 46

눈앞 — 48

생각 이전 — 50

침묵 — 52

탄허(吞虛, 허공을 삼키다) — 54

마음 하나 — 56

알아차림 — 58

시간과 공간 — 60

두 번 죽지 않는다 — 62

아기 — 64

깨닫다(깨돋다) — 66

바탕화면 — 68

속수무책 — 70

어디에도 있는 나 — 72

통증을 본다 — 74

전체 — 76

| 제2부 | 나는 죽지 않는다

죽음 — 80
마음 밖 — 82
알 수 없어요 — 84
환영(Illusion) — 86
존재인 나 — 88
뿐 — 90
있다 — 92
생명 — 94
둘이 아니다 — 96
바다 — 98
괴로움 — 100
주체와 객체 — 102
만남 — 104
불안 — 106
세상 — 108

하나 — 110
교만 — 112
고향 — 114
나는 어디까지 — 116
중도 — 118
그놈이 이놈 — 120
마음 — 122
이다, 아니다 — 124
빗소리 — 126
가난 — 128
찰나 — 130
나이 — 132
나의 상대 — 134
그림자 — 136
마지막 — 138

뒷말

제1부

나는 변하는 마음과 몸이 아니다

오지도, 가지도 않는

몸이 왔다 간다.
20대, 30대, 40대, 50대, 60대, 70대, 80대…
동일한 적이 없다.

마음도 왔다 간다.
기쁨, 괴로움, 슬픔, 불안…
동일한 적이 없다.

그런데
몸이 왔다 가고
마음이 왔다 감을 알고 있는 나는
몸도 아니고 마음도 아니지만
없지 않다.

오지도, 가지도 않는다.

봄(Seeing)

보고 있는 놈이 있다.
책을 보는 이 순간 눈을 감아 보자.
'안 보여'라고 말하며
캄캄함을 보고 있지 않은가!

그 보는 놈은 따로 없다.
안 보려고 하여도 안 보이는 것을 본다.
따로 있는 놈이 아니라
그저 보는 놈이 본다.

보는 행위를 자아가 맘대로 안 할 수 없다.
항상 본다.
자면서도 보기 때문에 일어나서
잘 잤다고 말할 수 있다.

영원히 본다. 불멸이다. 그 보는 놈, 그게 나다.

들음(Hearing)

듣는 놈이 누구인가?
듣지 않으려고 해 봐도
듣는 놈이 나타난다.

듣지 않으려고 해 보면
안 들리는 것을 듣고 있지 않은가!
'침묵'을 듣는 그놈은 누구인가!

'들었어!'를 듣고
'안 들었어!'를 듣고
'못 들었어!'를 듣는
그놈이 나다.

듣기 싫어도 침묵을 듣는다.
그놈이 나다.

가 … 나 … 다

내가 '가'를 말하고, 잠시 쉰다.
내가 '나'를 말하고, 잠시 쉰다.
내가 '다'를 말하고, 잠시 쉰다.

거기 잠시 쉬는 곳에는 내가 없는가?
'가 … 나 … 다'

나는 어느 곳에든 있다.
두루 있다.

몸

몸, 몸뚱이, 몸뚱어리

나의 몸뚱어리는 내가 아니고
너의 몸뚱어리는 네가 아니다.

나는 커지지도 않았고
현명해지지도 않았고
무게가 늘지도 않았다.

나는 커진 몸을 보고
현명해진 생각을 보고
무거워진 것을 볼 뿐
그렇게 변한 것은 내가 아니다.

나는 불변이어서 그 변화를 본다.
그래서 불생이고 불멸이다.

마음속 세계

모두는 각자의
마음속을 살고 있다.
존재하지 않는 과거이기에
동일한 과거를 각자 다른 기억으로
되새긴다.

마음속 세계는
달리 나타난다.
서로 다른 세계를 살기 때문에
객관적인 세계는 없다.

모두 다른 세계를 살 뿐
객관은 없다.

보구나, 보는구나

보는 놈이 있다.
보이는 것이 있다.

보는 놈은
보이는 것에 있다.

보는 놈은 나다.
그러므로
보이는 것에 내가 있다.

결국
내가 나를 본다.

이 자리

보는 자리와
보이는 자리가 따로 없다.

자리가 따로 있다면, 이미 대상이다.
자리를 보는 놈이 따로 있게 되니까.

이 자리에서 삶도 일어나고, 생각도 일어난다.
눈앞이라는 이 자리에서
하나의 판에서 나의 본래 모습이
삼라만상으로 펼쳐진다.

보는 자리에서 보이는 것이 드러난다.
보는 것은 나이고, 보이는 것은 세상이다.
내가 세상이다.
이 자리가 세상이고
이 자리가 바로 나다.

시간

시간은 생각이다.
생각을 하기 전에 시간은 없다.
시간은 생각 속에 있다.

잠잘 때 시간이 흘렀다는 것은
잠을 깨서 생각을 해야 알 수 있다.
생각을 하고 나서 시간을 생각할 때
비로소 시간이 있다.

시간은 생각이다.
과거도 미래도 심지어 현재도
생각하기 전에는
있지 않다.

시간도 생각이다.

공간

공간도 생각이다.
생각하기 전에는 공간도 없다.
생각을 해야 공간이 있다.

공간이 생각이면
공간 속에 있는 나도 생각이다.
생각인 공간에 생각인 내가 있다.

생각인 공간 속에 있는 나도
생각이다.

꿈속

꿈속의 돌도 꿈이고,
꿈속의 아파트도 꿈이고,
꿈속의 아버지, 어머니, 부인, 남편, 딸, 아들
친구, 형, 누나, 오빠, 언니, 동생
꿈속의 모든 것은 꿈이고 생각이다.

생각으로 겹쳐진 인생이, 생각인 꿈속이라면
인생의 아버지, 어머니, 부인, 남편, 딸, 아들
친구, 형, 누나, 오빠, 언니, 동생
모든 것이 생각이다.
나도
너도

물음

생각의 대상에는
생각을 하는, 즉
변하지 않는
내가 그대로 겹쳐 있다.

나는 어디에 있나?
'나는 어디에 있나?' 그 물음에
그 말에
내가 드러난다.

진리

경험되는 것은 상대적이어서
진리가 아니다.

생각도 경험되고
기분도 경험되고
내 몸도 경험된다.

경험되는 모든 것을
경험하는 것이 바로 '진리'이고 '나'이다.

대상을 의식하는 존재가 따로 있지 않다.
따로 있다면 그것 역시 경험되는 것이지
진리는 아니다.
내가 아니다.

나의 위치

진짜 나는 위치가 없다.
찾을 수 없다.

찾았다면, 그것은 내가 아니다.
찾아지는 것은 모두 대상일 뿐이므로
찾는 놈이 바로 나다.

나는 어디에?
찾을 수 없지만 있지 않은가?
ㅊ ㅏ ㄲ ㅗ ㅣ ㅉ ㅏ ㄴ ㅑ.
ㅂ ㅏ ㄹ ㅗ ㅕ ㄱ ㅣ ㅔ ㅣ ㄲ ㅜ ㄴ ㅑ.

타인의 생각

타인의 생각을 볼 수 없다.
타인의 생각이
'즐겁다, 괴롭다, 외롭다, 귀찮다'라고
내 생각대로 생각한다.

타인의 생각은 그대로 나의 생각이다.
따라서 타인의 생각은 없다.

사실 타인도 없다.
내가 있어야 타인이 있는데
몸이 아닌 나는
찾을 수 없고 따로 있지 않다.

타인의 생각은 그대로
나의 생각이다.

경험

경험되는 모~든 것은 내가 아니다.
경험하는 것이 나다.

내 몸은 경험되니 내가 아니다.
내 마음은 경험되니 내가 아니다.
나의 육체와 변하는 마음은 내가 아니다.

경험하는 나는
경험되는 것에 고대~로 드러난다.

건물, 자동차, 엄마, 아들, 행복, 괴로움
이들은 모두 경험되는 것들인데
이런 경험되는 것들에 내가 고대~로 드러난다.

그러므로 경험되는 모~든 것이 결국 나다.
경험되는 세상이 모두 나다.

생각

다 생각이다.
눈앞의 교회도 생각하기 전에는 없다.
눈앞의 사찰도, 눈앞의 아파트도

눈앞의 나도, 눈앞의 내 몸도
생각하기 전에는 없다.

그리고
'생각'이라는 것도
생각하기 전에는 없다.

인생

인생의 시작이 있었나?
없었다가 생겼다면
없음을 경험해야 한다.

있거나, 없으려면
있음과 없음을 경험하는
내가 있어야 한다.

내 몸과 마음을 느낄 그것이
언제부터 있었는가?
ㅏ ㄹ ㅆ ㅜ ㅓ ㅂ ㄸ ㅏ.

눈앞

생각은 머릿속에서 떠오르는 것이 아니라
눈앞에서 떠오른다.

배운 것은 '머릿속'이지만
'양배추'는 '눈앞'에서 떠오른다.
양배추가 떠오르는 그 자리는 눈앞이다.

그려지는 곳이 따로 있지 않다.
눈앞에 책이 보이고
눈앞에 글이 보이는 자리에서
양배추도, 엄마도, 아빠도 떠오른다.

생각이 떠오르는 곳은 눈앞이다.
삶이 펼쳐지는 곳도 눈앞이다.
삶도 생각 속에 있다.

생각 이전

생각의 이전은
생각으로 알 수 없다.

생각의 이전을
생각으로 안다면 그것 역시
생각이다.

생각의 이전은 생각 속에 있을 뿐
따로
있지 않다.

침묵

'침묵'은 진짜 침묵이 아니다.
'침묵'이라고 하는 순간 이미 침묵이 아니다.
상당히 시끄럽다.
진짜 침묵은 알 수 없다.

'침묵'이라고 하는 순간,
이미 시끄럽다.

진짜 침묵은
'ㅊ ㅣ ㅁ ㅁ ㅜ ㄱ'과
'ㅅ ㅗ ㄹ ㅏ ㄴ'이 모두 일어나는
바로 여기가 ○이다.

탄허(吞虛, 허공을 삼키다)

허공에서 구름이 일어나지만
허공이 따로 없다.
구름 속에 허공이 있고
허공 속에 구름이 있다.

하물며 허공을 삼키면 허공마저 없다.
그러나 허공이 전체라면 삼킬 놈이 있겠는가?

허공이 따로 없다.
삼켜진 허공이 따로 없고
허공을 삼킬 놈이 또 따로 없다.

만상이 일어나는 여기가 허공이요
허공이 있는 여기가 구름 속이다.
허공이 전체이니 누가 또 따로 있어
허공을 토하겠는가?

마음 하나

마음 하나만 있다면
전부가 내 마음이다.
전부가 내 마음이 아니고
내가 따로 있다면
전부에서 내가 빠지므로
이치에 맞지 않다.

우주가 하나라고 하는 것도
맞지 않다.
하나라고 하려면
'하나'라고 하는 놈이 있어야 하는데,
그러면 그것은 우주의 바깥이다.

우주가 내 마음 하나이고
전부가 그대로 내 생각이다.

알아차림

'알아차림'은
'ㅏㄹㅏㅊㅏㄹㅣㅁ'이다.
알아차림도 실체는 없다.
생각할 때만, 알아차림이 있고
생각할 때만, 못 알아차림이 있고
생각할 때만, 안 알아차림이 있다.

진정한 알아차림은 알아차림에 있고
못 알아차림에도 있고
안 알아차림에도 있다.
실체가 없다.
그러나 항상 알아차리고 있다.

항상 알아차리고 있으니까
결국 온갖 말을 하고 있고
보고, 듣고, 느끼고, 생각한다.

시간과 공간

시간과 공간을 경험했나?
시간을 경험할 때, 공간을 경험하고
공간을 경험할 때, 시간을 경험한다.
시간을 떠나 공간을 경험할 수 없고
공간을 떠나 시간을 경험할 수 없다.
시간이 공간이고 공간이 시간이다.

그렇다면 시간도 허상이고
공간도 허상이다.
왜냐하면 실체가 없을 때
'시간=공간'이 가능하기 때문이다.

직선의 시간과 육면체의 공간이 동일하다?

시간과 공간이 모두 생각이고 허상일 때
가능한 일이다.

두 번 죽지 않는다

한 번도 안 죽는다.
그러니 두 번은 더 안 죽는다.

육체를 보는,
마음의 변화를 보는
그놈은 불멸이다.

그게 나이고
그게 너이고
그게 전체다.

아기

아기였던 적이 있었나?
사진과, 동영상과 기억으로만 있을 뿐
아기였던 적은 실제가 아니다.
사진을 통해 생각하고
엄마에게 전해 들어 생각하고
조금의 기억과 동영상으로 생각하고.

아기였던 적은 그저 생각이다.
현재의 몸도 생각이다.
몸을 느끼는 생각이 없으면
무엇으로 내 몸을 느끼겠는가?
'아기 〉 아동 〉 청소년 〉 성인 〉 노인'을
언제나 한 자리서 느끼는 몸 아닌 나!
그것은
아기도, 아동도, 청소년도, 성인도, 노인도 아니다.
그게 나다.

깨닫다(깨듣다)

샌다는 것은 온전한 나로 돌아오는 것
듣는다는 것은 달리는 것
깨듣는다는 것은 온전한 나로 달리는 것

온전한 내가 원래 있다.
내가 없는데, 내 몸이 어떻게 있고
내가 없는데, 내 맘이 어떻게 있겠는가!

진정한 내가 원래의 나로 돌아와 있는 것
출발하지 않은 상태로 돌아와 있는 것
그것이 ㄲ ㅐ ㄷ ㅏ ㄹ ㅡ ㅁ.

바탕화면

화면 바탕은 그대로다.
거기에 온갖 내 모습, 사건, 사물이
왔다가 간다.

그러나 화면 바탕은 그대로다.
일어나는 근원은 하나다.

여기에서 다 일어나지만
여기를 벗어나지 못한다.
여기가 따로 없지만
여기를 벗어나지 못한다.

삼라만상이 '한 판'에서 일어난다.

속수무책

다 하느님의 일이다.
다 여래의 일이다.
다 '진정한 나'의 일이다.
다 속수무책이다.

팔을 안으로 굽힐 수는 있지만
팔을 밖으로 굽힐 수는 없다.
나의 어떤 일에 대하여
일부는 내가 하고
일부는 내가 하는 것이 아니라는 말인가?

다, 따로 없는 '진짜 나'의 일이므로
속수무책이다.

어디에도 있는 나

사실
몸조차 '나'이고
마음조차 '나'이다.

나 아닌 몸이 어디 있고
나 아닌 마음이 어디 있나.

어디에도 있는 나
ㅋ ㄴ ㅍ ㅣ ㄹ 에도
ㅋ ㅓ ㅍ ㅣ 에도

통증을 본다

잇몸이 시리다.
그 통증을 보는, 그 통증을 느끼는
그놈이 나다.

육체의, 그 통증을 느끼는,
그 통증을 보는, 그놈이 나다.

그놈이 어디에 있나?
육체를 보므로 육체에 있지 않다.

육체를 보므로
육체는 내가 아니다.

그놈은 어디에 있나!
'ㅓ ㄷ ㅣ ㅔ?'라고 하는
ㅕ ㄱ ㅣ ㅔ!

전체

전체는 하나이고, 부분은 여럿이다.
우주는 하나이고 전체이다.

우주가 있고 내가 따로 있다면
우주는 하나가 아니고 둘이 된다.
우주 하나에 나 하나를 더하면
둘이기 때문이다.

우주가 전체이고 하나인데
내가 따로 또 존재한다면,
전부를 우주라고 부르는 의미와 맞지 않다.

우주에 '나'가 따로 있으면
'우주=전체'의 의미와 맞지 않다.
그러므로 '내'가 바로 '우주'이고 전체이다.
우주는 나의 나타남이다.

제 2 부

나는 죽지 않는다

죽음

너의 죽음과 나의 죽음이
모두 나의 생각이다.

너의 죽음을 생각하기 전에는
너의 죽음이 없고
나의 죽음을 생각하기 전에는
나의 죽음이 없다.

죽었다, 죽는다, 죽겠다.
이게 다 생각 속에서
나타나는 현상이다.

죽기 전, 죽은 후라는 것도 생각이다.
ㅅㅏ ~ㅁ도 생각인데,
죽음인들 생각 아니겠는가?

마음 밖

진짜의 마음 바깥에 어떤 것도 없다면
전체가 진짜의 마음이고
내가 이 마음이다.

진짜의 마음만 있다면
진짜의 마음 하나라면
내가 이 마음이다.

이 마음은 알 수 없다.
전체가 이 마음 하나인데
또 다른 마음으로 알 수 있는
그런 마음은 없기 때문이다.

마음 밖에는
텅 비었다고 할 수도 없다.
마음 밖도 마음이다.

알 수 없어요

'알 수 없어요'
'알 수 없어요'를 말하는 게
누구인지 알 수 없어요.
'그 말을 하는 게 나예요'라고 말하는 것이
누구인지 알 수 없어요.

'알 수 없어요'라는 생각
'그 생각을 하는 사람이 저예요'라는 생각
'그 생각을 하는 사람이 저라고요'라는 생각
'나!라니까요'라는 그 생각.

이 모든 생각을 하는 '나'는
생각으로
말로는
'알 수 없어요'
ㄱㅡㄴ야 ㅇㅣ 예 ㅛ.

환영(Illusion)

생각하기 전에는
어떤 사물도 드러나지 않는다.
심지어 나도 드러나지 않는다.

생각하기 전에는 드러나지 않는 시간 속에
생각하기 전에는 드러나지 않는 공간 속에
생각하기 전에는 드러나지 않는 나도
생각하는 순간 환영으로 존재한다.

그렇다면
무엇이 실제로 존재하는가?
생각하는 것들은 환영일 뿐
실제는 아니다.

실제는 따로 없지만
환영으로 나타날 뿐이다.

존재인 나

나의 본질은 괴롭지 않다.
괴롭지 않기에 괴로움을 느끼는 존재이다.

나의 본질은 행복하지도 않다.
행복하지 않기에 행복함을 느끼는 존재이다.

나의 본질은 아프지도 않다.
아프지 않기에 아픔을 느끼는 존재이다.

나는 규정할 수 없지만
그저 안다.
어디에도 없지만
어디에나 있는

그래서
여기에도, 지금에도 없는 곳이 없다.

뿐

이루어질 뿐!

안 이루어질 뿐!

괴로울 뿐!

안 괴로울 뿐!

그럴 뿐!

생각이 일어날 뿐!

내 생각대로 되지 않는다.

나 혼자, 스스로 하는 생각은 없다.

인연 따라 일어날 뿐!

있다

[Ⅰ]「동사」: 머묾

여기 있는다.

여기 있는구나.

[Ⅱ]「형용사」: 존재, 소유

여기 있다.

여기 있구나.

품사는 다르지만

'나는 ㅕ ㄱ ㅣ에 있는다'

'나는 ㅕ ㄱ ㅣ에 있다'에서

ㅕ ㄱ ㅣ라는 말은 그대로 ㄴ ㅏ 다.

말하는 놈은 다르지 않다.

'ㅕ ㄱ ㅣ'와 'ㄴ ㅏ'는

한 물건이 말한다. 그게 '나'다.

생명

내 생명의 간섭 없이
어떠한 존재도 있지 않다.

나를 떠나서
컵도, 종이도, 볼펜도 존재하지 않는다.

다 나의 생명 속에서
모든 것이 존재한다.

내 생명 속의 모든 컵, 종이, 볼펜은
그대로 생명이다.
생명 속의 것은
생명일 뿐이다.

생명 아닌 것이 우주에 없다.
우주 전체가 생명이다.

둘이 아니다

어젯밤 꿈에 본
도로, 가족, 학교, 집, 산 모두
꿈 하나다. 생각이다.

우리 삶도 정말로 생각이라면
꿈에서 본 모든 것처럼 하나이다.

생각 속에 지어진 사물들이
생각 덩어리 전체의 부분이라면
그것이 어찌 둘이겠는가?

둘이 아니다.

바다

파도는 바다다.
파도 모두가 바다다.

조건에 따라 좋은 파도, 나쁜 파도
험한 파도, 순한 파도가 있지만,
파도는 다 바다다.

나쁜 파도, 성난 파도
그대로 다 바다다.

바다에서 물들이 일어날 뿐
모두 근본은 바다다.

괴로움

꿈에 아무것도 아무 일도 아무 소리도 없으면
꿈인 줄 모른다.

괴로움이
그것이 꿈임을 가장 극렬히 나타낸다.

괴로움에 우주가 의지한다.
괴로움으로 인해 세계가 경험된다.

삶도 그렇다.
아무 일도 일어나지 않으면
그것은 삶이 아니다.

모든 일어나는 일들은
나의 생각에 의지하므로
삶도 사실 생각이다. 꿈처럼 삶도 생각이다.

주체와 객체

보는 놈이 주체이고
보이는 놈이 객체이다.

듣는 놈이 주체이고
들리는 놈이 객체이다.

그런데
주체와 객체라는 생각 없이도
보이고 들린다.

주체와 객체라는 것도
생각을 하기 전에는
따로 없다.

만남

나는 나를 만날 수 없다.
내가 둘이 아니기 때문이다.

그럼에도 나는 나를
한순간도 만나지 않는 때가 없다.
다 나이기 때문이다.

불안

불안은 내 것이 아니다.
내가 한 것이 아니다.
한 번도 스스로 불안을 맞이한 적 없다.
내가 불안을 느끼고 싶어서 느낀 적이 없다.
불안을 안 느끼고 싶다고 안 느낀 적이 없다.

불안은 누구의 것도 아니다.
그저 불안할 뿐이고, 안 불안할 뿐이다.
불안하지 않은 내가 불안을 느끼고
편안하지 않은 내가 편안을 느낄 뿐이다.

모종의 인연일 뿐
느끼는 무언가가 따로 있지 않다.

세상

세상도 명칭이고
마음도 명칭이다.

명칭은 생각의 종류이다.
그러므로 세상도 생각이다.

생각 속에 내가 있고, 네가 있다.
생각 속에 있는 모든 것은
생각이다.

역시
세상도 생각이다.

하나

하나라고 하면 둘이 된다.
'하나'라고 하는 놈이 있으니까!

그러므로
하나가 따로 있지 않다.

하나에서 다 나오지만,
그 하나는 따로 있지 않다.

다 마음 하나에서 나온다.

교만

교만도 교만 아닌 것에서 나오고,
예절도 예절 아닌 것에서 나온다.

그러나
교만이 나오는 자리는
교만하지도 안 교만하지도 않다.

그래야 '교만'도 하고
'안 교만'도 하지 않겠는가!

고향

오래전부터 살아온 고을, 고향
오래전부터 비추던 거울, 고경(옛 거울)

원래부터 있었고
지금도 있고
앞으로도 있을
하나로 있을
고향!

돌아갈 자리
문득문득 있는
항상 이 자리에 있는
고향!

고향에서 나오지 않은 것이 있는가?
고경에서 비추지 않은 것이 있는가?

나는 어디까지

보이는 몸이 내가 아니라면
나는 어디까지일까?

보이는 마음이 내가 아니라면
어디까지 나일까?

나라고 한계 지어진 것이 없다면
보여지는 전체가 나 아닐까?

보여지는 이 생각도 나 아닐까?

나 없는 곳이 없고
나 아닌 것도 없다.

중도

보수는 지키는 것, 진보는 나가는 것
중도는 보수와 진보가 태어난 곳
중도 속에 보수가 있고
중도 속에 진보가 있고
중도 속에 중도가 있다.

보수와 진보를 잇는 선분의 가운데에
중도가 있는 것이 아니라
보수와 진보와 중도가 있는
그 전체가 중도이다.
다 중도다.

그놈이 이놈

새로 온 것은 변한다.
변하는, 새로 온 것을 아는 놈!

몸을 느끼는 놈!
그놈을 어떻게 찾지?

몸을 느끼는 그놈이
바로 나 아닌가!

그놈이 바로 이놈이구나!
찾을 수 없는 '나'구나!

마음

'내'가 마음이듯
'너'도 마음이다.

'나와 너'가 마음이듯
'사물'도, '우주'도 마음이다.

마음이 보는 것이
마음일 수밖에 없다.

마음밖에 없다.
마음의 밖에는 없다.
전체가 마음이다.

이다, 아니다

'이다'도 '아니다'도 생각이다.
'책상이다'도 '의자이다'도 생각이다.
'책상이 아니다'도 '의자가 아니다'도 생각이다.

'사랑이다'도 '미움이다'도 생각이다.
'사랑이 아니다'도 '미움이 아니다'도 생각이다.

'다 생각이다'도 '다 생각이 아니다'도
생각이다.

'모든 게 생각이다'도
'모든 게 생각이 아니다'도
생각이다.

'ㅌ ㅓ~ ㅇ 비었네'도
생각이다.

빗소리

밖에 들리는 빗소리는
빗소리가 아니다.

빗소리는 마음의 나타남이다.
마음이 생각으로 구체화되어야
빗소리가 들린다.

마음이 없으면
빗소리는 더 이상 빗소리가 아니다.
빗소리도 생각으로 구현된다.

그 생각은 우리 마음의 나타남이다.
그렇다면 빗소리도 우리의 마음이다.
소리가 없는 것의 나타남이
바로 소리이다.
빗소리이다.

가난

생각이 일어나기 전에는
가난하지 않다.

한 생각이 일어난 후에
가난도 있고 부유함도 있다.

이미지의 세계 속에
가난도 있고, 부유함도 있고
행복도 있고, 우울함도 있다.

진실이 아닌 생각 속에서
괴로워하고, 우울해한다.

느낌에 끌려가지 않으면
느낌 그 자체가 진실이고
진리이다. 진리의 나타남이다.

찰나

찰나도 나에게서 일어나므로
찰나는 '진짜 나'다.

찰나는 지금이다.
지금이라는 것도
이미 말하는 순간 과거이다.

따라서 찰나는 고정되어 있지 않다.
찰나나 지금이나 따로 있지 않다.

'진짜 나'도 따로 없다.
찰나에 모든 게 나타나듯
나타난 모든 것에
진짜 내가 있을 뿐
따로 있지 않다.

나이

나는 나이를 먹지 않는다.
내가 나이를 직접 먹고 변한다면
나이를 먹고 있는 것을 알 수 없다.

나는 나이를 먹지 않기에
나이를 먹는 것을 알 수 있다. 늙지 않는다.

생각할 때만 나이를 먹는 것을 알 뿐
직접 나이를 먹지 않기에
늙지 않는다.

몸은 늙었지만, 문득!
'내가 그 시절 그대로네'라는 생각을 한다.

늙는 몸을 보는 나는
나이가 없다. 불멸이다.

나의 상대

나의 상대는 남이 아니라 '나'다.
'저 사람'을 내가 보고
내가 평가하고 나의 생각 속에
'저 사람'과 '저 사람의 일상'이 있다.

나의 생각을 벗어난 상대는 없다.
그래서 '천상천하 유아독존'이다.

'저 사람은 좋고, 이 사람은 나쁘다'
'강아지가 산책을 했다'
이런 것들이 나의 생각이지,
그 누구의 생각이 아니다.

모든 게 나의 생각으로 드러나는 것일 뿐
나의 생각이 없다면 좋은 사람도, 나쁜 사람도
산책한 강아지도 없다.

그림자

그림자가 보이스피싱을 당하면
보이스피싱을 당한 게 아니라
그림자가 움직인 것이다.

그림자와 그림자가 싸우면
두 사람이 싸우는 것이 아니라
그림자 두 개가 겹쳐진 것이다.

움직인 것은 그림자이고
겹쳐진 것도 그림자일 뿐
실체가 생겨나거나 그림자가 더 진해진 것은 아니다.

삶이, 죽음이, 내가, 네가
진짜의 마음이 나타난 그림자라면
얄궂고 현란한 모든 움직임은 실체가 없다.
해가 지면 그림자도, 그림자놀이도 실체가 없다.

마지막

마지막까지 떨어지지 않는 것이 있다면
그것은 몸일 것이다.
당장 허리가 아프거나 몸이 가렵기만 해도
온통 그 생각이 일어나고
'나'를 몸으로 생각한다. 벗어나기 어렵다.

몸으로, 마음으로 닦는 수행이 아닌
삶을 살아가는 것으로서의
수행이 필요한 이유이다.
당장 내가 다치거나, 자식이 힘들면
내 몸이 '나'라고 생각하게 된다.

그러나 이마저도 '나'의 일이지
내 몸이나, 내 자아의 일은 아니다.
다 내 생각으로 일어난 환상이다.
생각하기 전에는 나도, 자식도 없기 때문이다.

뒷말

　모든 글의 목표는 하나였습니다. 나는 몸도 아니고, 변하는 마음도 아닙니다. 그것을 보는 놈이 진짜 나입니다. 그리고 그놈은 이 우주 전체입니다. '우주는 하나'라고 하려면 내가 있어야 하는데, '우주는 하나'라고 말하는 순간, '우주, 하나'와 '그것을 말하는 나, 하나'가 있게 되어 둘이 됩니다. 따라서 내가 그대로 우주이며, 우주는 '진짜 나'의 의식의 드러남임을 얘기하고 싶었습니다.
　그 와중에 '진짜 나'는 따로 없다는 것을 얘기하고 싶었습니다. 나는 둘이 아니기 때문입니다. 사실 '우주'라는 것도, '나'라는 것도 생각 덩어리일 뿐, 달리 어떠한 구체적인 실체가 있는 것은 아니기에 가능한 이야기(허구)일 뿐입니다. '나'는 그대로 '우주'이기에 이미 있습니다.

이 모든 것을 선지식들, 조사들, 법사들께서 얘기한 것이기는 하나, 글로 남겨서 나의 잘못은 잘못대로 두고, 이정표로 삼고자 함이었습니다. 다시 한번 감사드립니다.

현실에서 뒤처지거나, 불안하거나, 게으르거나, 불만족스럽거나, 환멸을 느끼거나, 불편할 때, 돌이켜 보면 좋겠습니다. 그 모든 것들이 나의 생각이었음을. 그 모든 것들이 생각을 하기 전에는 없는 것이었음을. '없다'는 생각을 하기 전에는 '없다'도 드러나지 않음을. 그리하여 다양한 물질과 비물질이 모두 생각 전에는 나타나지 않음을. 생각 전에는 죽지도 않음을. 아니, 태어나지 않았음을. 불편한 현실이 따로 없음을. 편한 비현실도 따로 없음을. 모두 하나의 판에, 눈앞에서 생각으로 드러나는 것임을.

그럼에도 마지막까지 육체와, 변하는 마음, 주변의 일에서 벗어나는 것이 쉽지 않습니다. 발바닥에 박힌 가시 하나에 모든 잡생각이 달아납니다. 호랑이의 눈과 소의 걸음(호시우행(虎視牛行))으로 나아가야겠습니다. 사실 이런 말과 글도 생각일 뿐입니다. 그저 이러할 뿐입니다.

이미 있는 나

초판 1쇄 발행 2025. 9. 25.

지은이 김세환
펴낸이 김병호
펴낸곳 주식회사 바른북스

편집진행 황별하
디자인 양헌경
마케팅 송송이 박수진 박하연

등록 2019년 4월 3일 제2019-000040호
주소 서울시 성동구 연무장5길 9-16, 301호 (성수동2가, 블루스톤타워)
대표전화 070-7857-9719 | **경영지원** 02-3409-9719 | **팩스** 070-7610-9820

•바른북스는 여러분의 다양한 아이디어와 원고 투고를 설레는 마음으로 기다리고 있습니다.

이메일 barunbooks21@naver.com | **원고투고** barunbooks21@naver.com
홈페이지 www.barunbooks.com | **공식 블로그** blog.naver.com/barunbooks7
공식 포스트 post.naver.com/barunbooks7 | **페이스북** facebook.com/barunbooks7

ⓒ 김세환, 2025
ISBN 979-11-7263-588-6 03810

•파본이나 잘못된 책은 구입하신 곳에서 교환해드립니다.
•이 책은 저작권법에 따라 보호를 받는 저작물이므로 무단전재 및 복제를 금지하며,
 이 책 내용의 전부 및 일부를 이용하려면 반드시 저작권자와 도서출판 바른북스의 서면동의를 받아야 합니다.